Inhalt

Ansparabschreibung - BFH-Urteile und ihre Auswirkungen auf den Anwendungsbereich

Kernthesen

Beitrag

Fallbeispiele

Weiterführende Literatur

Impressum

Ansparabschreibung - BFH-Urteile und ihre Auswirkungen auf den Anwendungsbereich

A. Kaindl

Kernthesen

- Die Ansparabschreibung ist ein beliebtes Steuergestaltungsmodell.
- Die Ansparabschreibung erlaubt im Vorgriff auf künftige Investitionen die Bildung einer gewinnmindernden Investitionsrücklage; dadurch werden Abschreibungen in ihrer Aufwandswirkung vorgezogen.
- In jüngster Zeit ergingen einige BFH-Urteile zur Ansparrücklage. Weitere Verfahren sind vor dem BFH anhängig.

Beitrag

Die ergangenen Urteile sollen die Bildung von Ansparabschreibungen ins Blaue hinein verhindern.

Erläuterung der Ansparabschreibung

Ein Unternehmer kann im Normalfall Abschreibungen für ein Wirtschaftsgut gewinnmindernd in seiner Buchführung erfassen, nachdem er es auch tatsächlich gekauft hat. Von diesem Grundsatz weicht der Gesetzgeber bei der Ansparabschreibung bzw. Ansparrücklage (§ 7g Abs. 3 bis 6 des Einkommensteuergesetzes EStG) ab. Die Ansparrücklage ermöglicht kleinen und mittleren Unternehmen, bereits zwei Jahre vor einer geplanten Investition eine Abschreibung in Höhe von 40 Prozent der voraussichtlichen Anschaffungs- oder Herstellungskosten geltend zu machen. Die Ansparabschreibung darf nicht mehr als EUR 154 000 pro Betrieb betragen. Buchungstechnisch mindert die Ansparrücklage in vollem Umfang den steuerpflichtigen Gewinn bzw. Überschuss des Unternehmens. Wird die geplante Investition nicht ausgeführt, muss die Ansparabschreibung spätestens nach zwei Jahren wieder aufgelöst werden. Da das

Investitionsversprechen nicht gehalten wurde, ist der Gewinn des Auflösungsjahres für jedes volle Jahr des Bestehens der Rücklage fiktiv um 6 Prozent des Auflösungsbetrags zu erhöhen. Die Auflösung der Rücklage führt damit zu einer Gewinnerhöhung, welche den anfänglichen Steuervorteil wieder zunichte macht. In vielen Fällen ist die Ansparabschreibung für den Unternehmer trotzdem ein beliebtes Steuergestaltungsmodell. (1), (4), (5)

Bisher verlangten die Finanzämter, dass das einzelne Wirtschaftsgut, das voraussichtlich angeschafft werden sollte, seiner Funktion nach benannt und die Höhe der voraussichtlichen Anschaffungskosten angegeben wurden. Zusätzlich war das Wirtschaftsjahr zu benennen, in dem die Investition voraussichtlich getätigt werden sollte. Gemäß dem EStG ist die genaue Angabe des Investitionszeitpunkts nicht erforderlich, denn die Ansparabschreibung ist von vorneherein begrenzt auf Investitionen, die innerhalb der nächsten zwei Jahre geplant sind. Das sah der BFH in einer neuen Entscheidung aus dem Jahr 2006 genauso. Er stellte sich auf den Standpunkt, dass entgegen der Auffassung der Finanzverwaltung die Ansparrücklage nicht voraussetzt, dass der voraussichtliche Investitionszeitpunkt in der Buchführung oder den Aufzeichnungen für die Gewinnermittlung ausgewiesen wird. (1), (4)

Wiederholte Bildung einer Ansparabschreibung

Der BFH hat mit Urteil vom 6. 9. 2006 entschieden, dass die wiederholte Bildung einer Ansparrücklage nach § 7g EStG nur sehr eingeschränkt zulässig ist.

In dem der Entscheidung zugrunde liegenden Fall hatte ein selbständig tätiger Rechtsanwalt in den Jahren 1995, 1997 und 1999 jeweils eine Ansparrücklage nach § 7g EStG für die Anschaffung eines Pkw gewinnmindernd berücksichtigt. Das Finanzamt hatte die Rücklage im Streitjahr 1999 mangels Konkretisierung des Investitionszeitpunkts nicht anerkannt. Die Klage des Rechtsanwalts ging bis vor den BFH.

Der BFH traf folgendes Urteil: Wird für die Anschaffung eines Wirtschaftsguts eine Ansparrücklage gebildet, ohne die geplante Investition innerhalb des Zwei-Jahres-Zeitraums zu realisieren, ist eine wiederholte Geltendmachung der Ansparabschreibung für dasselbe Wirtschaftsgut nur eingeschränkt zulässig. Eine erneute Rücklagenbildung ist nur dann möglich, wenn der Steuerpflichtige eine einleuchtende Begründung dafür abgibt, weshalb die Investition trotz gegenteiliger Absichtserklärung bislang nicht durchgeführt worden ist, gleichwohl aber weiter geplant sei. Damit hat der BFH der Praxis der wiederholten Rücklagenbildung ohne nachweisliche Investitionsabsicht einen Riegel vorgeschoben. (2), (3)

Modell: Ansparrücklage über das Ausland

Wird eine Ansparrücklage gebildet und die geplante Investition nicht durchgeführt, dann führt die Auflösung der Rücklage zu einer Gewinnerhöhung, welche den anfänglichen Steuervorteil wieder zunichte macht. Der Steuervorteil bleibt hingegen bestehen, wenn sich das Ganze im Ausland abspielt. (5)

Dabei muss das Finanzamt den für das inländische Einkommen geltenden Steuersatz des atypisch stillen Beteiligten so berechnen, als könnte dieser seine inländischen Gewinne mit den ausländischen Gewinnen bzw. Verlusten verrechnen. Dies bedeutet, dass die Bildung einer Ansparrücklage im Zusammenhang mit einer ausländischen Beteiligung als Verlust den Steuersatz mindert und dem Beteiligten dadurch eine Steuerersparnis bringt. Für die Rücklagenbildung ist ein Unternehmen in einem Staat auszuwählen, mit dem Deutschland ein Doppelbesteuerungsabkommen abgeschlossen hat, sodass die von der Firma erwirtschafteten Auslandsgewinne im Inland freigestellt werden. Das hat zur Folge, dass dann nur der Steuersatz auf das im Inland zu versteuernde Einkommen durch die Auflösung der Rücklage erhöht wird. Unterliegt nun der Steuerpflichtige in Deutschland bereits dem Spitzensteuersatz, wirkt sich die Steuersatzerhöhung durch die Auflösung der Rücklage nur noch geringfügig aus. (5)

Dieses Modell wird von den Finanzämtern nicht anerkannt, u.a. mit dem folgenden Argument: ein ausländischer Betrieb sei kein "rücklagenfähiger Betrieb", da der Gesetzgeber nur inländische Betriebe in den Genuss einer Ansparrücklage kommen lassen möchte. Die Sache ist vor dem BFH anhängig. (5)

Ansparabschreibung für Existenzgründer

Bei der Bildung einer Ansparrücklage gelten begünstigende Sonderregelungen für Existenzgründer (§ 7g Abs. 7 EStG). Bspw. beträgt bei einem Existenzgründer die Investitionsfrist fünf Jahre und bei Auflösung der Rücklage wegen Nichtdurchführung der Investition entfällt der Gewinnzuschlag. Ein Existenzgründer ist eine natürliche Person, die innerhalb der letzten fünf Jahre weder an einer Kapitalgesellschaft zu mehr als einem Zehntel beteiligt gewesen ist noch Gewinneinkünfte erzielt hat. Der Gesetzgeber stellt bei der Beurteilung, wer als Existenzgründer anzusehen ist, auf den Bezug von Gewinneinkünften ab. Derjenige, der als geringfügig beteiligter Mitunternehmer gewerbliche Einkünfte bezieht, ist gewerblich tätig, so dass der Gesetzgeber berechtigt ist, ihn aus dem besonderen Förderungsrahmen für Existenzgründer herauszunehmen. Eine Bagatellgrenze für eine Beteiligung an einer Personengesellschaft existiert nicht. (4), (6), (7)

Fallbeispiele

Ein Unternehmer hat vor, im Jahr 2007 oder 2008 für seinen Betrieb einen neuen Pkw zu kaufen. Die voraussichtlichen Anschaffungskosten betragen EUR 30 000. Der Unternehmer kann bereits im Jahr 2006 eine Ansparabschreibung von 40 Prozent von EUR 30 000, das heißt EUR 12 000, geltend machen. Sein zu

versteuerndes Einkommen 2006 sinkt dadurch um EUR 12 000 Euro. Das bringt ihm einen geringen Einkommensteueraufwand. Der Solidaritätszuschlag und ggf. die Kirchensteuer reduzieren sich ebenfalls. Wenn der Unternehmer später nicht wie geplant investiert, muss er die Ansparabschreibung von EUR 12 000 spätestens am Ende des zweiten auf ihre Bildung folgenden Wirtschaftsjahrs, d.h. am 31. 12. 2008, gewinn-
erhöhend auflösen. Zusätzlich muss er für das nicht gehaltene Investitionsversprechen pro Jahr einen Gewinnzuschlag von 6 Prozent der Ansparabschreibung (hier also: 2 × 6% von EUR 12 000 = EUR 1 440) versteuern. (1)

Jüngst versagten hessische Finanzrichter (Az.: 3 V 3462/05) einem Unternehmer die Ansparrücklage, weil dieser seine Einzelaufstellung nicht innerhalb der vorgeschriebenen zwei Jahre einreichte. Die Richter begründeten ihre ablehnende Haltung wie folgt: Durch die mit einer Ansparrücklage erreichte Steuerstundung solle es den Steuerpflichtigen keinesfalls ermöglicht werden, diese Sonderabschreibung "gleichsam ins Blaue hinein in Anspruch zu nehmen und damit das steuerliche Ergebnis frei bestimmen zu können". (4)

Weiterführende Literatur

(1) Aktuelle Steuerinformationen und Tipps
aus Versicherungswirtschaft, 15.1.2007, 62.Jg., Nr. 02,
S. 122

(2) Finanzamt darf Ansparrücklage versagen
aus Financial Times Deutschland vom 02.01.2007,
Seite 29

(3) Ansparabschreibung
aus Handelsblatt Nr. 249 vom 27.12.06 Seite 19

(4) Vorschuss vom Fiskus Wer schnelles Geld braucht, muss nicht zur Bank gehen. Es reicht, die Ansparabschreibung geltend zu machen. Doch die Finanzämter sind misstrauisch geworden
aus Financial Times Deutschland vom 28.11.2006,
Seite 33

(5) Der Trick mit der Ansparrücklage
aus Consultant, Vol. 8, Heft 11/2006, S. 20-21

(6) O.V., Existenzgründer bei Ansparabschreibung, BFH v. 2.8.2006 - XI R 44/05, Die Steuer-Berater-Woche 22/2006, S. 5
aus Consultant, Vol. 8, Heft 11/2006, S. 20-21

(7) Formel, Rainer, Existenzgründer: Schädliche Mitunternehmerschaft, ESTB - Der Ertrag-Steuer-Berater 11/2006, S. 404-405
aus Consultant, Vol. 8, Heft 11/2006, S. 20-21

(8) INTERVIEW "Das Modell kann jeder nutzen"
aus Consultant, Vol. 8, Heft 11/2006, S. 22

Impressum

Ansparabschreibung - BFH-Urteile und ihre Auswirkungen auf den Anwendungsbereich

Bibliografische Information der deutschen Nationalbibliothek

Die Deutsche Nationalbibliothek verzeichnet diese Publikation in der deutschen Nationalbibliografie; detaillierte bibliografische Daten sind im Internet über http://dnb.d-nb.de abrufbar.

ISBN: 978-3-7379-1348-5

© 2015 GBI-Genios Deutsche Wirtschaftsdatenbank GmbH, Freischützstraße 96, 81927 München, www.genios.de

Alle Rechte vorbehalten. Dieses Werk ist einschließlich aller seiner Teile – z.B. Texte, Tabellen und Grafiken - urheberrechtlich geschützt. Jede Verwertung außerhalb der Grenzen des Urheberrechtsgesetzes bedarf der vorherigen Zustimmung des Verlags. Dies gilt insbesondere auch für auszugsweise Nachdrucke, fotomechanische

Vervielfältigungen (Fotokopie/Mikroskopie), Übersetzungen, Auswertungen durch Datenbanken oder ähnliche Einrichtungen und die Einspeicherung und Verarbeitung in elektronischen Systemen.